BEI GRIN MACHT SICH IH
WISSEN BEZAHLT

- Wir veröffentlichen Ihre Hausarbeit,
  Bachelor- und Masterarbeit

- Ihr eigenes eBook und Buch -
  weltweit in allen wichtigen Shops

- Verdienen Sie an jedem Verkauf

Jetzt bei www.GRIN.com hochladen
und kostenlos publizieren

Die Erzählung "Portret" von Nikolai Wassiljewitsch Gogol

Eine Analyse vier unterschiedlicher Motive

Michael Rabinovych

Bibliografische Information der Deutschen Nationalbibliothek:

Die Deutsche Nationalbibliothek verzeichnet diese Publikation in der Deutschen Nationalbibliografie; detaillierte bibliografische Daten sind im Internet über http://dnb.d-nb.de abrufbar.

ISBN: 9783346261878
Dieses Buch ist auch als E-Book erhältlich.

© GRIN Publishing GmbH
Nymphenburger Straße 86
80636 München

Druck und Bindung: Books on Demand GmbH, Norderstedt Germany
Gedruckt auf säurefreiem Papier aus verantwortungsvollen Quellen

Das vorliegende Werk wurde sorgfältig erarbeitet. Dennoch übernehmen Autoren und Verlag für die Richtigkeit von Angaben, Hinweisen, Links und Ratschlägen sowie eventuelle Druckfehler keine Haftung.

Das Buch bei GRIN: https://www.grin.com/document/937275

INSTITUT FÜR SLAVISTIK
JUSTUS-LIEBIG-UNIVERSITÄT
GIESSEN

Wintersemester 2008/2009

Studienarbeit zum Hauptseminar:
N.V. Gogol

von
Michael Rabinovych

Inhaltsverzeichnis

1. Einleitung

Die vorliegende Seminararbeit bezieht sich auf die zweite allgemein verbreitete Fassung der Erzählung „Portret" von N.V. Gogol' aus dem Jahr 1842. Zunächst soll im zweiten Kapitel ein Einblick ins Leben und Schaffen des Autors dem Leser gestattet werden. Dabei wird kein Anspruch auf Vollständigkeit der Lebensereignisse des Autors erhoben.

Im dritten Kapitel wird zum einen kurz auf die beiden Fassungen der Erzählung eingegangen und zum anderen werden die Inhalte der Erzählung wiedergegeben, ohne diese interpretieren zu wollen. Im vierten Kapitel folgen vier unterschiedliche Motive, die anhand von Zitaten aus der Erzählung diskutiert werden.

Im fünften und letzten Kapitel soll dann eine kurze Schlussbetrachtung der ganzen Arbeit erfolgen.

2. N. V. Gogol' (1809 – 1852) – Sein Leben und sein Schaffen

Nikolaj Vassiljevič Gogol' war ein russischer Schriftsteller ukrainischer Herkunft. Er gilt als einer der wichtigsten Vertreter der russischsprachigen Literatur in der Ukraine und als Meister der Groteske und Satire, als Sprachvirtuose, der die russische Literatur zwischen Romantik und Realismus im 19. Jahrhundert prägte.[1]

2.1 Geburt und Kindheit

Gogol' erblickte das Licht der Welt am 19. März 1809 in Velyki Soročyncy (Rajon Myrhorod, Oblast Poltava) in der ukrainischen und sehr religiösen Gutbesitzerfamilie von Wassilij Afanassjevič Gogol' und Marija Ivanovna Gogol' – Janovski. Seine Kindheit verbrachte er auf dem Besitzgut „Vasiljevka". Da Nikolaj nach seiner Geburt gebrechlich und kränklich war und seine Eltern bereits die beiden ersten Kinder verloren, machten sie sich große Sorgen um sein Leben.[2] Nichtsdestotrotz konnte er bereits mit 3 Jahren schreiben und mit 5 Jahren versuchte er sogar zu dichten. In seiner Kindheit war Gogol' empfänglich für Eindrücke und wurde von Ängsten und Gewissensbissen geplagt: Einmal haben die Augen einer Katze ihm so eine große Angst eingeflößt, dass er die Katze im Gartenteich ertränkte und daraufhin Gewissensbisse bekam. Er beruhigte sich nur dann als er von seinem Vater für sein Vergehen verprügelt wurde.[3] Darüber hinaus hörte er

---

[1] https://www.dtv.de/autor/nikolai-gogol-14468/
[2] FOKIN 2008, S. 166
[3] VORONSKIJ 2009, S. 25

3

geheimnisvolle Stimmen, die in einer „Todesstille" seinen Namen riefen. Um der Situation zu entkommen, rannte er weg und beruhigte sich nur dann, wenn er einen Menschen traf, der seine „schreckliche Herzenswüste" («страшную сердечную пустыню») verjagte. Diese akustischen Halluzinationen sind wohl vielen Kindern bekannt, riefen aber bei Nikolaj ein unheimliches Gefühl und Angstzustände hervor.[1] Nikolajs Ängstlichkeit und Sensibilität sind möglicherweise auf die Ängste seiner Eltern um sein Leben zurückzuführen. Seine krankhafte Veranlagung zu Ängsten wurde gleichzeitig durch die Erzählungen der Eltern über die Hölle, die Gottesstrafe und die Qual und Pein für die Sünder verstärkt. Das Leben an einem ruhigen Ort im Grünen, die saubere Luft, der materielle Wohlstand und Fürsorge seiner Eltern lieferten allerdings einen positiven Ausgleich zu den ganzen negativen Aspekten seines Lebens.[2]

2.2 Am Gymnasium

1818 wurde Gogol' zusammen mit seinem jüngeren Bruder Ivan am Gymnasium in Poltava aufgenommen. In den damaligen Schulen sorgten körperliche Strafen für Zucht und Ordnung. Kleine Fehltaten wurden sofort mit Prügel sanktioniert. Kinder wurden zur Unterwürfigkeit und Feigheit erzogen. Geschätzt wurde nicht die schulische Leistungsstärke, sondern das wohlgesittete Benehmen, welches sich durch das dienliche Verhalten und das Petzen auszeichnete. Gogol' zählte nicht zu den guten Schülern und hatte es in der Schule aufgrund seines sturen und eigensinnigen Charakters nicht einfach.[3] Nach dem Tod seines Bruders, der einen starken Einfluss auf Nikolaj ausübte, musste Gogol' das Gymnasium in Poltava verlassen, um den Erinnerungen an den jüngeren Bruder zu entkommen. 1821 wurde er am Nezhiner Lyzeum aufgenommen. Hier durchlebte er eine positive gesundheitliche Entwicklung, er wurde physisch stärker, fröhlicher und war bei sämtlichen Schülerstreichen mit von der Partie.[4] Zugleich war er ebenfalls oft Einzelgänger und wurde von seinen Klassenkameraden gemobbt und drangsaliert.[5]

Als 1825 sein Vater starb, spielte er für einen Augenblick sogar mit den Gedanken, sich umzubringen. Seinen Briefen, die er in dieser Zeit an seine Eltern adressierte, ist zu entnehmen, dass er sich ständig in der Geld- und Essensnot befand. Er bittet und bettelt kriecherisch um Geld, Lebensmittel und Kleidungsstücke. Der junge Gogol' isst gerne

---

[1] VORONSKIJ, S. 26
[2] Ebenda, S. 27
[3] VORONSKIJ 2009, S. 31-32
[4] FOKIN 2008, S. 168
[5] Ebenda, S.170-171

Süßigkeiten und mag es sich satt zu essen. Er schätzt immer noch solche Gegenstände wie Kugelschreiber, Bleistifte, Hefte und Notizenbücher.[1] Sein Leben im Lyzeum beinhaltete schreckliche Langweile und Sehnsucht. Er war kein begeisterter Schüler und wurde für schlechte Zensuren und Fehlverhalten oft bestraft. Um der Strafe zu entgehen, gab er sich einmal vor, geistig krank zu sein und wurde daraufhin ins Krankenhaus eingeliefert, das später seinen Zufluchtsort darstellte.[2]

In seinen letzten Schuljahren im Lyzeum entdeckte er eine Leidenschaft für das Theater. Er spielte mit großer Begeisterung erfolgreich die Rollen der alten Damen und das Publikum fand ihn talentiert, authentisch, einfallsreich und außergewöhnlich scharfsinnig. Darüber hinaus beschäftigte er sich mit der Malerei, schrieb Gedichte von Puškin ab und ergänzte diese mit eigenen Zeichnungen. Außerdem verfasste er auch eigene Gedichte und nahm es mit Puškin auf. Schon damals grübelte er über seine Zukunft nach und sah sich nicht als Dichter oder Schriftsteller. Seine Berufung sah er im Staatsdienst, der ihn bekannt machen und dazu befähigen würde, etwas für den allgemeinen Wohlstand zu tun. Gogol' fühlte sich in Nezhin unwohl und wollte am besten aus der Stadt fliehen. Er hatte Angst davor zu sterben, ohne eine Spur in seinem Leben hinterlassen zu haben:

«Холодный пот проскакивал на леце моём при мысли, что, может быть, мне доведётся погибнуть в пыли, не означив своего имени ни одним прекрасным делом; быть в мире и не означить своего существования – это было для меня ужасно».[3]

In Erwartung eines ungewöhnlichen und wunderschönen Lebens entschied er sich nach St. Petersburg zu gehen und zog im Herbst 1828 dorthin.[4]

2.3 In St. Petersburg

Angekommen in St. Petersburg, um Beamter oder Schriftsteller zu werden, werden seine Erwartungen an die Hauptstadt nicht erfüllt. Das Leben in der Hauptstadt ist überteuert und Gogol' kann sich keine Theaterbesuche leisten.[5] Da er außerdem nur sehr mäßige Zeugnisse vorzuweisen hat, wird er als Kollegienregistrator der untersten Stufe eingestellt und versucht unter anderem seinen Lebensunterhalt durch die Tätigkeit als Hauslehrer, Geschichtslehrer und Hilfslehrer zu verdienen, wobei er stets scheitert.

---

[1] VORONSKIJ 2009, S. 33-37
[2] Ebenda, S. 39
[3] VORONSKIJ 2009, S. 48
[4] Ebenda, S. 49,52
[5] FOKIN 2008, S. 193-194

5

Als 1829 seine Versidylle *Hans Küchelgarten* veröffentlicht wird, feiert Gogol seinen großen Misserfolg, worauf er das Buch verbrennt und ins Ausland (Lübeck, Travemünde und Hamburg) flieht. Zurück in St. Petersburg beginnt er seine Erzählungen über seine dörfliche Heimat in der Ukraine zu schreiben. Seine acht Erzählungen, zusammengefasst unter dem Titel *Abende auf dem Weiler bei Dikanka* (1831/1832), wurden zu einem Riesenerfolg. 1835 erschienen vier weitere ukrainische Erzählungen unter dem Titel *Mirgorod* (1835): *„Altväterliche Gutsbesitzer"*, die heroische Erzählung *„Taras Bulba"*, die Gruselgeschichte *„Wij"* und die erste russische Humoreske *„Die Geschichte, wie sich Ivan Ivanowitsch mit Ivan Nikiforowitsch verzankte"*. Danach folgten die *Petersburger Erzählungen*: *„Der Newskij Prospekt"*, *„Das Porträt"*, *„Aufzeichnungen eines Wahnsinnigen"*, *„Die Nase"* und *„Der Mantel"*.[1] Die *Petersburger Erzählungen* stellen eine besondere Etappe im Gogols Schaffen dar. Man spricht von einer zweiten Petersburger Periode seiner literarischen Tätigkeit.[2]

1836 wird seine Komödie *Der Revisor* in Anwesenheit des Zaren Nikolaus I. uraufgeführt, der die nach der Aufführung entstandene Grabesstille bricht und als erster Beifall klatscht.[3] Die Komödie handelt von einem kleinen Beamten, der in einer Provinzstadt für einen Revisor, für einen staatlichen Prüfer von Verwaltungsvorschriften gehalten wird. Er nutzt es aus, um sich zu bereichern, da die Provinz sehr korrupt ist.[4] Das Theaterstück war wiederum ein Riesenerfolg, allerdings spürt Gogol' die Abneigung der Beamten, Kaufleute und Literaten:

> „Der geringste Anschein von Wahrheit – und gegen dich erheben sich alle, und zwar nicht nur einer, sondern ganze Stände. Ich stelle mir vor, was wäre, wenn ich etwas aus dem Petersburger Leben genommen hätte, das ich heute besser kenne als das in der Provinz."[5]

2.4 Im Ausland

Verärgert verlässt Gogol' die verhasste Hauptstadt und reist nach Deutschland, Frankreich, in die Schweiz und vor allem nach Italien. Rom wird in den Jahren 1837 bis 1839 zu seiner zweiten Heimat.[6] Bereits 1836 beginnt er am ersten Teil der *Toten Seelen* zu arbeiten. Das

---

[1] http://www.russland.news/nikolaj-wassiljewitsch-gogol-die-russische-seele-2/
[2] VORONSKIJ 2009, S. 140
[3] http://www.russland.news/nikolaj-wassiljewitsch-gogol-die-russische-seele-2/
[4] https://www.zeit.de/2009/12/Gogol
[5] Aus einem Brief an den Schauspieler Michail Ščepkin vom 29.April 1836 in Urban, Peter: Gogols Petersburger Jahre – Gogols Briefwechsel mit Aleksandr Puškin, 2003
[6] http://www.russland.news/nikolaj-wassiljewitsch-gogol-die-russische-seele-2/

Sujet der *Toten Seelen* (als auch das von *Revisor*) geht auf Puškin zurück: Der Sohn eines Gutbesitzers, Čičikov, kommt auf die Idee, die verstorbenen Leibeigenen Bauern („Seelen") den Gutsbesitzern für ein Spottgeld abzukaufen und somit ein auf dem Papier großes Vermögen aufzubauen, welches dann – natürlich ohne preiszugeben, dass die Seelen tot sind – versetzt oder beliehen werden kann. Mit dem Geld wollte er dann auf Nimmerwiedersehen verschwinden. Dies gelingt ihm nicht, da sie Sache auffliegt und er flieht ohne das Geld davon.

Puškins Tod im Jahre 1837 erschüttert Gogol' dermaßen, dass er folgenden Brief an den Schriftsteller Pletnëv verfasst:

> «Всё наслаждение моей жизни, всё моё высшее наслаждение исчезло вместе с ним. Ничего не предпринимал я без его совета. Ни одна строка не писалась без того, чтобы я не воображал его перед собою... Боже, нынешний труд мой (*Мёртвые души*), внушённый им, его создание... я не в силах продолжать его... Невыразимая тоска... Я был очень болен, теперь начинаю немного оправляться».[1]

Der erste Teil der *Toten Seelen* ist 1842 erschienen und wurde zu einem großen Erfolg, sodass dieses Buch heute als Gogols Hauptwerk gilt. Die weiteren zehn Jahre beschäftigte sich Gogol' mit dem zweiten Band der *Toten Seelen*. Währenddessen verbrannte er einzelne abgeschlossene Kapitel und kurz vor seinem Tod den ganzen fertigen Band.

1847 werden die *Ausgewählten Stellen aus dem Briefwechsel mit Freunden* herausgegeben. Hier erscheint Gogol' als Verteidiger der „herrschenden Ordnung des Zarentums und der Orthodoxie" und spricht sich für die Leibeigenschaft aus.[2] Der „Briefwechsel" enthält darüber hinaus Gogols Angst vor dem Tod, die Vorahnung der revolutionären Umwälzung, die von den Schneidern und Handwerkern initiiert wird, die Kritik der westeuropäischen Zivilisation, die Predigt der seelischen Läuterung, die Hoffnungen auf den Monarchen, der das Gottesabbild sein sollte und seine Schuldgefühle aufgrund seines früheren Schaffens.[3] Dieses Buch löst in den fortgeschrittenen Kreisen einen Sturm der Empörung aus. Der Kritiker Belinkij reagiert auf dieses Buch Gogols mit einem Brief, der folgenden Satz enthält:

> «*Проповедник кнута, апостол невежества, поборник обскуратизма и мракобесия, панегирист татарских нравов – что вы делаете?*»[4]

---

[1] VORONSKIJ 2009, S. 193
[2] http://www.russland.news/nikolaj-wassiljewitsch-gogol-die-russische-seele-2/
[3] VORONSKIJ 2009, S. 331-332
[4] VORONSKIJ 2009, S. 334-335

2.5 Die letzten Jahre und der Niedergang Gogol's

Im Januar 1848 unternimmt er seine bereits im „Briefwechsel" angekündigte Pilgerreise nach Palästina. Das gelobte Land, wo angeblich Milch und Honig fließen, erscheint ihm arm und roh: Sand, Steine, Hitze, eintönige Berge, staubige Vegetation, Armut, Schmutz und armselige Ruinen. Im Februar erreicht er Jerusalem. Das Grab Gottes schenkt ihm keinen Trost.[1] Er ist äußerst unzufrieden mit sich selbst und mit der ganzen Pilgerreise:

«Скажу вам, что ещё никогда не был я так мало доволен состоянием сердца своего, как в Иерусалиме и после Иерусалима. Только разве, что больше увидел черствость свою и своё самолюбие, - вот весь результат».[2]

Die Pilgereise zeigt keine positive Auswirkung auf sein literarisches Schaffen und treibt auch seine Arbeit an den *Toten Seelen* nicht voran. Gogol' versucht seine «очерствелость» durch das Fasten und die Gebete zu heilen und ist bestrebt überall den Teufel und Verdorbenheit zu suchen. Nach einem kurzen Aufenthalt in Palästina reist er nach Odessa und dann in seinen Heimatort „Vasiljevka", in dem er seine Arbeit an den *Toten Seelen* fortsetzt. Im September 1848 reist er nach Moskau, um weiterhin an den *Toten Seelen* zu arbeiten. Das revolutionäre Geschehen in Europa und der Schwund seiner schöpferischen Kraft üben einen großen Einfluss auf seine Arbeitsfähigkeit aus, sodass er nur langsam mit dem Schreiben vorankommt. Er fürchtet sich vor dem Alter und dem Tod. Das Nahen des Alters verspürt er bereits mit 27-28 Jahren. Nichtsdestotrotz setzt er in dieser Zeit seine literarischen Bemühungen fort.[3]

Gogol' beginnt nach dem Tod von Homjakova (Schwester des Poeten Jazykov und seines Freundes), der ihn sehr erschüttert hat, zu fasten und sich auf den eigenen Tod vorzubereiten. Es beginnt die Masleniza, Gogol' bekommt vonseiten seiner Freunde zahlreiche Einladungen, lehnt sie aber ab und ernährst sich dabei lediglich von Prosphora. Der Erzpriester besucht Gogol', um ihn auf den „schamlosen Tod" vorzubereiten und dabei Puškin zu entsagen, da er Sünder war. Nach dem Besuch des Erzpriesters hört Gogol' mit seinem literarischen Schaffen auf und verbringt noch mehr Zeit mit Gebeten, Gottesdiensten und dem Fasten. In der Nacht vom 11. auf den 12. Februar verbrennt Gogol' den zweiten Band der *Toten Seelen*. Er ist der Meinung, dass sein Poem vom Teufel und

---

[1] VORONSKIJ 2009, S. 352 - 353
[2] Aus dem Brief an den Erzpriester Matvej in VORONSKIJ 2009, S. 354 (Matvej Konstantinopol'skij war strenggläubiger Vertreter der russisch-orthodoxen Kirche und Gogol's geistiger Mentor, der einen außergewöhnlichen Einfluss auf das Schicksal Gogol's nimmt und seinen tragischen Tod beschleunigt oder sogar bestimmt.)
[3] VORONSKIJ 2009, S. 354-365

nicht vom Gott stammt und deshalb vernichtet werden soll.[1] Es wird vermutet, dass Gogol'
mit diesem „Brandopfer" – wie Abraham – Gott sein Liebstes opfern wollte.[2] Allerdings
sind die Kunst und die Literatur sein Leben und mit der Vernichtung des Poems verliert
das Leben seinen Sinn und das einzige, was bleibt, ist der bevorstehende Tod. Er ist bereit
zu sterben, hört nicht auf die Ratschläge der Ärzte, verzichtet auf das Essen, trinkt nur
etwas Wasser mit Rotwein, hört auf sich zu waschen und die Kleidung zu wechseln. Die
Ärzte treffen die Entscheidung, ihn gegen seinen Willen zu behandeln, um sein Leben zu
retten. Aber die erfolgte Behandlung beschleunigt nur seinen Tod. Am 20. Februar um 22
Uhr hat Gogol' wohl seine letzten Worte ausgesprochen: «Лестницу, поскорее, давай
лестницу!» Die Leiter (лестница) bedeutet für Gogol' den sittlichen Aufstieg, den er nach
seinem Tod erleben soll. Am 21. Februar um 8 Uhr ist Gogol' qualvoll gestorben.[3]

3. Zwei Fassungen der Erzählung

Die Erzählung „Portret" ist womöglich das einzige literarische Werk Gogol's, das solch
einer Überarbeitung unterzogen wurde. Die erste Fassung schrieb Gogol' in den Jahren
1833 – 1834. Diese wurde im Jahre 1835 im ersten Teil der zweiteiligen Erzählsammlung
„Arabeski" veröffentlicht. In Kombination mit anderen Werken und Artikeln dieser
Erzählsammlung bekundet die Erzählung „Portret" definitiv Gogol's Kunstauffassung.
Die zweite, sorgfältig überarbeitete Fassung der Erzählung kam 1842 in der Zeitschrift
„Sovremennik" heraus und ging in den dritten Band der ersten Ausgabe letzter Hand seiner
Werke ein. Die zweite Fassung der Erzählung unterscheidet sich von der ersten Fassung
vor allem durch das Fehlen der übernatürlichen Ereignisse und Figuren.[4] Was hat Gogol'
dazu bewegt, die Novelle stark zu verändern bzw. neu zu schreiben? Auf der einen Seite
ist es eine Reihe von Lebensereignissen zwischen den Jahren 1835 – 1842, die seine
Weltanschauung beeinflusst haben. Zu den Ereignissen zählen die „gescheiterte"
Uraufführung des „Revisors", seine Abreise ins Ausland im Jahre 1836, sein Aufenthalt in
Rom, das Kennenlernen der besten Beispiele der europäischen Malerei, seine Leidenschaft
zum Katholizismus (1837 – 1839), Bekanntschaft und Freundschaft mit dem Maler Ivanov
(1837 – 1839).[5] Auf der anderen Seite ist es die schlechte Kritik Belinskijs, der die

---

[1] VORONSKIJ 2009, S. 373-378
[2] http://www.russland.news/nikolaj-wassiljewitsch-gogol-die-russische-seele-2/
[3] VORONSKIJ 2009, S. 378 ff.
[4] Eine ausführliche Diskussion der Unterschiede und Übereinstimmungen der beiden Fassungen der
Erzählung erfolgt in dieser Arbeit nicht.
[5] vgl. dazu ARHIPOVA 2004, S. 101

Erzählung als „misslungenen Versuch Gogol's im phantastischen Genre" bezeichnete.[1]

Zum zweiten Teil der Erzählung äußerte sich Belinskij sogar folgendermaßen:

> *«Но вторая ее часть решительно ничего не стоит, в ней совсем не видно*
> *г. Гоголя. Это явная приделка, в которой работал ум, а фантазия не*
> *принимала никакого участия».*[2]

Als die zweite Fassung veröffentlich wurde, brachte sie keine besondere Kritik mit sich, sie stellt aber gewiss eine wichtige Etappe in der Gogol's Suche nach Spiritualität und Kunst. Gogol's Freund Ševyrev übte positive Kritik an der zweiten Version des „Portrets" und schrieb Folgendes an Gogol':

> *«Ты в нём так раскрыл связь искусства с религией, как ещё нигде она не*
> *была раскрыта. Ты вносишь много света в нашу науку и доказываешь*
> *собою назло немцам, что творчество может быть соединено с полным*
> *сознанием своего дела».*[3]

Für Gogol' muss Kunst mit der Religion eng verbunden sein, dies äußert sich in seinem Schaffen.

Die Erzählung behandelt darüber hinaus die Thematik der wahren und falschen Kunst, der Verantwortung eines Malers für sein künstlerisches Schaffen. „Portret" ist so etwas wie Gogol's Kunsttheorie.[4] Die weiteren Thematiken der Erzählung ist die Frage nach den wahren und imaginären Werten und die trügerische Attraktivität des Lebens in einer Hauptstadt. Die letzten beiden Thematiken ziehen sich durch die ganzen *Petersburger Novellen* hindurch. Die Thematik der verlorenen Illusionen, die auch von vielen europäischen Schriftstellern (bspw. Balzac oder Stendhal) in dieser Zeit bearbeitet wird, findet ebenfalls ihren Platz in der Erzählung „Portret".[5]

3.1 Inhaltsangabe der zweiten (allgemein verbreiteten) Fassung

Die Erzählung „Portret" besteht aus zwei Teilen. Der erste Teil der Erzählung handelt von einem jungen verarmten Maler namens Čartkov, der in einer Petersburger Gemäldehandlung ein Porträt eines alten, in weites Gewand gekleideten Mannes kauft, dessen Augen einen erschreckend lebendigen Ausdruck haben. Er hängt das Porträt in seinem bescheiden möblierten Zimmer auf der Wassiljewski-Insel auf und hat ständig das Gefühl, von den Augen des Alten beobachtet und verfolgt zu werden. In der Nacht hat er

---

[1] Zitiert nach: AMBERG in BRANG 1986, S. 143
[2] vgl. dazu http://rulibrary.ru/gogol/povesti/208 ("Teleskop" 1835, Band 10; Sočinenie Belinskogo, II, S. 232)
[3] GOGOL' 1988, Band 2, S. 299
[4] Siehe dazu das Kapitel 4.3
[5] https://reedcafe.ru/blogs/analiz-povesti-portret-gogolya-0

einen Traum, wie der alte Mann aus dem Rahmen steigt, zu seinem Bett kommt und vor seinen Augen die Geldrollen zählt. Am nächsten Tag findet er im Rahmen des Porträts blitzende Golddukaten, wie sie Čartkov im Traum erschienen sind. Mit dem gefundenen Schatz kleidet er sich neu, mietet eine Wohnung mit luxuriösem Wohnambiente auf dem Newski-Prospekt und bezahlt einen Journalisten, der ihn als das Petersburger Talent verherrlicht. Er lernt langsam in welcher Pose die Porträtierten auf den Bildern erscheinen möchten, stellt sie euphemistisch auf der Leinwand dar und wird auf diese Weise zu einem beliebten Modemaler. Mit seiner Malerei verdient er Unmengen an Geld.

Čartkov kommt in die Jahre und wird von der Kunstakademie eingeladen, ein Gemälde eines seiner ehemaligen Gefährten zu betrachten und sein Urteil darüber abzugeben. Die gelungene, vollendete Arbeit des Künstlers bringt ihn auf den Gedanken, dass die meisten seiner Bilder keinen künstlerischen Wert darstellen und dass er sein Talent gegen Geld eingetauscht hat. Die Schuld wird dem Porträt des alten Mannes bzw. dem alten Mann selbst zugeschrieben, das ihn einmal reich gemacht hat. Daraufhin lässt er viele seiner Bilder samt dem Porträt des alten Mannes aus seinem Atelier entfernen, gibt sein ganzes inzwischen beträchtliches Vermögen aus, um die Meisterwerke der talentierten Kollegen abzukaufen, um diese dann in seinem Atelier zu zerreißen, zu zerschneiden und unter Gelächter zu zertrampeln. Seine ständigen Anfälle von Wut und Wahnsinn untergraben dermaßen seine bereits schwache Gesundheit, dass er innerhalb von wenigen Tagen verarmt und in hoffnungslosen Wahnsinn stirbt.

Der zweite Teil der Erzählung behandelt die Geschichte des Porträts. Das Porträt des alten Mannes entkommt einer Zerstörung und wird auf einer Petersburger Auktion unter den Hammer gebracht. Als im Finale der Versteigerung zwei Kunstliebhaber sich andauernd überbieten, erzählt der Maler B. die mysteriöse Geschichte des Gemäldes: Zu Zeiten der französischen Revolution lebte in Kolomna ein Wucherer, der jedem Geld geliehen hat. Doch jeder, der von ihm Geld geliehen hat, starb eines unnatürlichen Todes. B.s Vater wird vom alten kinderlosen Wucherer beauftragt, ihn zu porträtieren, um gewissermaßen sein Fortleben nach dem Tode zu sichern. Aufgrund des unheimlichen dämonischen Wesens, das der Wucherer ausstrahlt, ist der Maler nicht imstande, das Gemälde zum Abschluss zu bringen. Als B.s Vater das unvollendete Bild – eine Teufelserscheinung – zerstören möchte, bettet es ihm ein Kollege ab. Der kein bisschen abergläubige Malerkollege wird vom bösen Geist des Wucherers beschattet. Das Bild geht nun durch verschiede Hände und übt auf alle seine Besitzer einen negativen Einfluss aus. Deshalb sucht der von seinem Vater beauftragte Erzähler seit fünfzehn Jahren nach dem Porträt, um dieses zu vernichten und somit den Fluss des Bösen zu stoppen. Das Bild verschwindet aber auf eine mysteriöse Weise, als B. seine spannungsgeladene Erzählung beendet und auch das abgelenkte Publikum bemerkt nicht den Diebstahl des Bildes mit dem darauf dargestellten ominösen alten Wucherer.

4. Motive in der Erzählung

4.1 Das weltliche Böse der Stadt

Gogol' wurde von der Sinnlosigkeit der Stadt unterdrückt. Diese äußerte sich in nutzlosem Kaffeeklatsch, der viel zu viel Zeit vergeudete, die für seine Suche nach der Wahrheit genutzt werden konnte. Gogol' hat die Stadt, in der das Menschliche zugrunde geht, nicht akzeptiert und die Stadt hat ebenfalls Gogol' nicht akzeptiert, der sich ständig auf Wahrheitssuche befand. Die Nichtakzeptanz der Stadt drückte sich vor allem durch starke Kritik aus, welcher seine Werke, darunter die Erzählung „Portret" unterzogen wurden.[1] Das Sujet der Erzählung „Portret"[2] ist nicht einfach. Der junge talentierte, anfangs verarmte Maler Čartkov, der schnell zum Modemaler wurde und sich dadurch bereichert hat, hatte das Potenzial, ein großer Künstler zu werden, aber die kapitalistische Stadt hat ihn verdorben und sogar ruiniert. Das Geld auf dem Land hat nur einen geringen Wert und wenig Macht. In einer verführerischen Stadt wie St. Peterburg mit ihren Versuchungen wie Essen, Kleidung und Macht sieht es anders aus: Hier spielt das Geld eine übergeordnete Rolle. Alles wird in der Stadt am Maßstab des Geldes gemessen. Für Gogol' ergeben die Stadt in Verbindung mit Geld das weltliche Böse, das den Menschen schadet. So kann Čartkov in der Stadt der Versuchung nicht widerstehen und tauscht sein Talent gegen den Reichtum ein. Als er an das böse Geld kommt, kann er sich alles leisten, was er früher bewunderte und mit Eifersucht betrachtete.[3]

> *«Одеться в модный фрак, разговеться после долгого поста, нанять себе*
> *славную квартиру, отправиться в тотже час в театр, в кондитерскую,*
> *в... и прочее».[4]*

Hier ähnelt Čartkov dem jungen Gogol als dieser in die Hauptstadt kommt. Čartkov möchte berühmt werden und er kauft sich den Ruhm mithilfe eines lobenden Zeitungsartikels. Dieser Gesichtspunkt der Erzählung trägt ebenfalls autobiographische Züge. Čartkov beginnt einen lockeren Lebenswandel zu führen und entscheidet sich gegen die Entfaltung

---

[1] vgl. dazu DAVYDOV 2008, S. 98
[2] siehe dazu das Kapitel 3
[3] vgl. dazu DAVYDOV 2008, S. 98 ff.
[4] GOGOL, Portret, in Polnoe sobranie sočinenij v odnom tome, S. 325

seines künstlerischen Potentials zugunsten eines lasthaften Lebens als Modemaler, der die Bedürfnisse seiner Kundschaft befriedigt. Die Nachfrage nach den Porträts wächst mit jedem neuen Tag. Die Kunden möchten „gut" und „schnell" porträtiert werden und Čartkov wird zu einem Hersteller eines luxuriösen Konsumgutes, zu einem Dienstleister, zu einem Symbol der städtischen Zivilisation. Ihm wird sein ehemaliger Gefährte, ein armer Maler gegenübergestellt, der in bescheidenen Verhältnissen in Italien lebt, das Kunstwerk der italienischen Meister studiert und sein Leben der Kunst widmet.[1] Dieser Künstler verzichtet auf alles: Geld, Familie, Freunde. Alles gibt er auf, um sein künstlerisches Handwerk zu perfektionieren. Er opfert die Zeit seines Lebens, um seine schöpferische Kraft vollkommen zu entfalten und somit sich dem Gott zu nähern.

4.2 Das Teuflische und das Göttliche

Als Čartkov in den Besitz von den tausend Golddukaten aus dem Rahmen des Porträts des alten Wucherers kommt, schließt er einen Pakt mit dem Teufel ab: er tauscht sein Talent gegen das Geld ein. Der alte Wucherer, der den Teufel darstellt, verleitet Čartkov zum Sündigen. Die erste Sünde ist die Nicht-Entfaltung seines künstlerischen Potentials, seines Talents, das ihm vom Gott verliehen wird und welches er zugunsten eines luxuriösen Lebens begräbt. Die zweite Sünde ist seine Habgier, die Sucht nach Reichtum, der ihn zum langweiligen Spießer macht. Das Geld wird für Čartkov zum Ziel seines Lebens:

«Золото сделалось его страстью, идеалом, страхом, наслажденьем, целью. Пуки ассигнаций росли в сундуках, и как всякий, кому достается в удел этот страшный дар, он начал становиться скучным, недоступным ко всему, кроме золота, беспричинным скрягой, беспутным собирателем и уже готов был обратиться в одно из тех странных существ, которых много попадается в нашем бесчувственном свете, на которых с ужасом глядит исполненный жизни и сердца человек, которому кажутся они движущимися каменными гробами с мертвецом внутри наместо сердца».[2]

Die wahnsinnige Eifersucht, die ihn ergreift, als ihm klar wird, dass er sein Talent vergeudet hat, ist eine weitere von ihm begangene Sünde: *«Им овладела ужасная зависть, зависть до бешенства.»*[3] Wie kommt seine Eifersucht zustande? Als er die Irreversibilität seiner Lebenssituation begreift, und zwar die Tatsache, dass die kostbare und nicht zurückdrehbare Lebenszeit darauf verwendet wurde, um modische Porträts zu malen und damit ein Kapital aufzubauen und nicht um sein Talent, seine Gottes Gabe zu

---

[1] vgl. dazu DAVYDOV 2008, S. 99 ff.
[2] GOGOL, Portret, S. 332
[3] Ebenda, S. 335

fördern, fühlt er sich der Situation ausgeliefert und hat über diese keinerlei Machthabe. Er durchlebt den Zustand völliger Hilflosigkeit, die bei ihm schreckliche Eifersucht auf seine talentierten Kollegen hervorruft und ihn in den Wahnsinn treibt:

« В душе его возродилось самое адское намерение, какое когда-либо питал человек, и с бешеною силою бросился он приводить его в исполнение. (...). Припадки бешенства и безумия начали оказываться чаще, и наконец все это обратилось в самую ужасную болезнь. Жестокая горячка, соединенная с самою быстрою чахоткою, овладела им так свирепо, что в три дня оставалась от него одна тень только. К этому присоединились все признаки безнадежного сумасшествия».[1]

Dieser Wahnsinn ist durchaus die Strafe Gottes für sein sündhaftes Vergehen. Die ersten Anzeichen des Wahnsinns sind bereits deutlich erkennbar als Čartkov das Gemälde seines ehemaligen Gefährten betrachtet und sein Urteil darüber abgeben soll:

«хотел принять равнодушный, обыкновенный вид, хотел сказать обыкновенное, пошлое суждение зачерствелых художников, вроде следующего: «Да, конечно, правда, нельзя отнять таланта от художника; есть кое-что; видно, что хотел он выразить что-то; однако же, что касается до главного...» И вслед за этим прибавить, разумеется, такие похвалы, от которых бы не поздоровилось никакому художнику. Хотел это сделать, но речь умерла на устах его, слезы и рыдания нестройно вырвались в ответ, и он как безумный выбежал из залы».[2]

Was aber das gelungene Gemälde des talentierten Künstlers anbelangt, ist dieses ein Ausdruck der schöpferischen Kraft, ein Ausdruck des Göttlichen:

«Чистое, непорочное, прекрасное, как невеста, стояло пред ним произведение художника. Скромно, божественно, невинно и просто, как гений, возносилось оно над всем. Казалось, небесные фигуры, изумленные столькими устремленными на них взорами, стыдливо опустили прекрасные ресницы».[3]

Čartkov scheint vom Teufel besessen zu sein: «Казалось, в нем олицетворился тот страшный демон, которого идеально изобразил Пушкин».[4] Seine schöpferische Kraft verlässt ihn und wird durch die zerstörerische Kraft substituiert. Er vernichtet mit selbstgefälligem Vergnügen die besten Meisterwerke und übt auf diese Weise Rache an den talentierten Malern für sein gescheitertes Leben. Das einzige, was ihn bremsen kann, ist die schreckliche Krankheit, die zum schnellen Tod führt.

Der erste Teil der Erzählung „Portret" ist keineswegs ein Märchen, in dem das Gute über das Böse siegt. Hier erringt das Böse (Čartkov) eindeutig den Sieg über das Gute

---

[1] Ebenda, S. 335
[2] GOGOL, Portret, S. 334
[3] GOGOL, Portret, S. 333
[4] Ebenda, S. 335

(Kunstwerke talentierter Maler), als er die Bilder talentierter Künstler zerstört. Und Čartkovs Krankheit (das Böse) besiegt das Leben (das Gute) in seinem Körper.

Der im zweiten Teil der Erzählung dargestellte Maler des Porträts des Wucherers ist ebenfalls wie Čartkov vom Teufel besessen und bekommt das Gefühl der Eifersucht, die ihn wiederum in den Wahnsinn treibt. Dieser Maler ist im Gegensatz zu Čartkov aufgrund seines starken Charakters in der Lage, das Böse in seinem Inneren zu bekämpfen, indem er dem Porträt des Wucherers entsagt, ins Kloster geht, später alleine in einer Wüste lebt und seine Kunst und sein Leben Gott widmet.[1] Er führt eine Auferstehung seiner Seele, seine seelische Läuterung herbei, indem er auf das alltägliche Leben verzichtet und zum Gott bettet:

«Словом, изыскивал, казалось, все возможные степени терпенья и того непостижимого самоотверженья, которому примеры можно разве найти в одних житиях святых. Таким образом долго, в продолжение нескольких лет, изнурял он свое тело, подкрепляя его в то же время живительною силою молитвы».[2]

Čartkov ist aber nicht imstande das Wahre vom Falschen zu unterscheiden und gibt zunächst sein Talent aufgrund seines ungeduldigen Charakters und der Liebe zum Reichtum auf und später kann er nicht den ihn ergriffenen Wahnsinn besiegen, der letztendlich seinen Tod herbeiführt.

4.3 Die wahre und die falsche Kunst (Kunsttheorie Gogol's)

Die Erzählung „Portet" enthält unbestreitbar Gogol's eigene Kunstauffassung. Dabei geht er meines Erachtens sehr geschickt vor, um dem Leser seine Kunsttheorie zu offenbaren. Er erfindet eine fesselnde Geschichte und verpackt in deren Handlung seine Vorstellungen über Kunst und Malerei. Dadurch erhält die Erzählung einen unterhaltsamen und lehrreichen Charakter zugleich. Nach Gogol's Auffassung muss ein Maler, wie ein Mönch sein weltliches Leben opfern, sich in seiner Werkstatt einschließen und sein Leben der Kunst widmen. Nur so kann er die Wahrheit des künstlerischen Schaffens ergründen und zum wahren Künstler werden:

«Этот художник ... носил в себе страсть к искусству, с пламенной душой труженика погрузился в него всей душою своей, оторвался от друзей, от родных, от милых привычек, и помчался туда,...,в тот самый Рим... Там как отшельник погрузился он в труд и в неразвлекаемые ничем занятия. Ему не было до того дела, толковали ли о его характере, о его неумении обращаться с людьми, о несоблюдении светских приличий, о унижении, которое он причинял званию художника своим скудным, не щегольским

---

[1] Džekson, Robert in MANN 1995, S. 68
[2] GOGOL, Portret, S. 345

15

нарядом. (...) Всем пренебрегал он, всё отдал искусству. (...) И зато вынес он из своей школы величавую идею созданья, могучую красоту мысли, высокую прелесть небесной кисти.»[1]

Es ist zweifellos ein allgemein gültiges Gesetz: Um einen Erfolg in einem bestimmten Tätigkeitsbereich zu erlangen, soll in diese Tätigkeit viel Zeit und Energie investiert werden. Diese Tätigkeit soll idealerweise mit großer Leidenschaft und unter Verzicht auf unterhaltsame Ablenkungen jeglicher Art ausgeführt werden.

Im Gegensatz zur echten Kunst entsteht durch stumpfes und automatisches Schaffen schlechte Kunst. Beispiele dafür sind die bereits im ersten Absatz der Erzählung ausführlich beschriebenen talentlos gemalten Bilder, die ein „niedriges Handwerk" darstellen. Čartkov verurteilt an dieser Stelle den unfähigen Maler und kritisiert seine Bilder, ohne zu ahnen, dass er sehr bald selbst zu einem Handwerker degradieren und wie ein Automat die Kopien der Wirklichkeit reproduzieren wird. Gleichzeitig ist für das gute Gelingen des Kunstwerks nicht das Talent, sondern die Geisteshaltung des Künstlers entscheidend. Das beweisen die modischen Porträts von Čartkov. Schaffen aus egoistischen Gründen, um den Ruhm zu erlangen oder sich zu bereichern, bedeutet die Missachtung der Identität des Dargestellten und führt zu den unwahren Formen. Es entsteht etwas Furchtbares wie das Porträt des Wucherers oder der sezierte, leblose Mensch auf dem Operationstisch, der mit dem schönen Menschen nichts gemeinsam hat.[2] Ein Künstler hat die Realität der Dinge zu erkennen und zu ergründen. Gleichzeitig birgt die Annäherung an die Realität in sich Gefahren, wenn es dem Kunstwerk „etwas Erleuchtendes" fehlt oder wenn sich die reine Seele des Künstlers in seinen Kunstwerken nicht widerspiegelt, der stets das Gute schafft.[3]

4.4 Das Motiv der Phantastik

Die Phantastik in der Erzählung „Portret" trägt schleierhafte und implizite Züge. Dabei wird eine Reihe von Zufällen und Übereinstimmungen anstatt von deutlich umrissenen Ereignissen beschrieben. Anstelle von authentischen Mitteilungen und Bezeugungen des Erzählenden werden Gerüchte, unbestätigte Vermutungen und Träume der Helden präsentiert:

---

[1] GOGOL, Portret, S. 332-333
[2] LARSSON 1992, S. 116 – 117
[3] vgl. dazu ARHIPOVA 2004, S. 106

«Так, по крайней мере, говорила молва.» ... «Было ли это просто людское мнение, нелепые суеверные толки, или с умыслом распущенные слухи – это осталось неизвестно. Но несколько примеров, случившихся в непродолжительное время пред глазами всех, были живы и разительны.»[1]

Im ersten Teil der Erzählung werden in der realen Welt von Čartkov keine übernatürlichen Figuren oder Ereignisse beschrieben, die die Naturgesetze verletzen. Das Phantastische geschieht lediglich im Traum, dessen Ereignisse sich überraschungsweise in der realen Welt des Protagonisten rasch verwirklichen. Die Mittel der schleierhaften Phantastik liegen nicht in dem transzendenten Ereignis selbst, sondern in der Wahrnehmung und dem Erlebnis des Ereignisses. Dadurch wird dem Leser die Möglichkeit der eigenen Interpretation und der Diskrepanz des Geschehens eröffnet. Das führt wiederum dazu, dass die phantastische Welt maximal an die wirkliche Welt angeglichen wird und dadurch die Parallelität der Versionen der Handlung ermöglicht wird, sodass die Ereignisse sowohl phantastisch als auch real gedeutet werden können.[2] So kann das Verschwinden des Porträts des alten Wucherers am Ende der Erzählung sowohl durch einen einfachen Diebstahl als auch durch einen mysteriösen Einfluss der übernatürliche Kraft erklärt werden.

Eine unendliche Reihe von Charakteren, die mit dem ominösen Wucherer in Berührung kamen und bei ihm ein hochverzinstes Darlehen aufgenommen haben, schienen vom Teufel besessen zu sein. So erlitten sie eine negative Transformation, sodass sie plötzlich von Eifersucht, Misstrauen und Wahnsinn ergriffen wurden und daraufhin eine Unzahl von schlechten Taten vollbrachten bis ihr Leben unglücklich endete:

> *«Но что страннее всего и что не могло не поразить многих – это была странная судьба всех тех, которые получали от него деньги: все они оканчивали жизнь несчастным образом.»*[3] ..... *«Там честный, трезвый человек делался пьяницей; там купеческий приказчик обворовал своего хозяина; там извозчик, возивший несколько лет честно, за грош зарезал седока.»*[4]

Die plötzliche Veränderung dieser Charaktere könnte zum einen auf die übernatürlichen Kräfte des Wucherers zurückgeführt werden. Zum anderen könnten die Rückzahlungsverpflichtungen der Schuldner sie in die Geldnot und diese wiederum aus ihrem seelischen Gleichgewicht gebracht haben, sodass diese sich in Bösewichte verwandelten. Auch die Menschen, die kein Geld beim Wucherer geliehen haben, aber

---

[1] GOGOL, Portret, S. 339
[2] vgl. dazu http://www.philology.ru/literature2/mann-89.htm (MANN 1989, Gogol' in Istorija vsemirnoj literatury, Band 6, S. 369-384)
[3] GOGOL, Portret, S. 339
[4] GOGOL, Portret, S. 340

dennoch in irgendeiner Weise mit ihm oder seinem Bildnis in Kontakt getreten sind, schienen ebenfalls eine negative Veränderung durchlebt zu haben. Phantastisch ist auch der Umstand, dass der alte Wucherer, der als personifizierter Teufel gilt, nach seinem Tode in seinem Porträt weiterlebt und einen negativen Einfluss auf die Schicksale der betroffenen Personen nimmt.

5. Fazit

Die Erzählung „Portret" soll meiner Ansicht nach den Leser zum Nachdenken bewegen. Gogol' zeigt uns, dass der Verlauf des Lebens eines Menschen durch die von ihm getroffenen Entscheidungen geprägt ist. Für die Wahl einer Handlung aus mindestens zwei vorhandenen potenziellen Handlungsalternativen ist im höchsten Maße der Charakter des Menschen verantwortlich. Entscheidet man sich aufgrund seiner Charakterschwäche für das Geld und das weltliche Leben und gegen die Entfaltung seines vorhandenen Talents, so ist man der Gefahr ausgesetzt, dass man seine eigentlichen Lebensziele verfehlt und unglücklich wird. Dies zeigt Gogol' am Beispiel des Lebens von Čartkov. Die von Čartkov eingesehene Tatsache, dass er sein Talent gegen das Geld eingetauscht hat, macht ihn nicht nur unglücklich, sondern treibt ihn sogar in den Wahnsinn. Aber auch jetzt hat Čartkov die Wahl zwischen Handlungsalternativen: er kann sich für den Weg des geringsten Widerstands entscheiden und dem teuflischen Wahnsinn zu Opfer fallen, wie dies auch geschehen ist. Er kann aber auch die Charakterstärke beweisen, den Teufel aus seiner Seele vertreiben, wie das der Vater des Malers B. gezeigt hat. Der Vater des Malers B., der das Böse reproduziert, indem er das Bildnis des alten Wucherers erschafft, ist im Gegensatz zu Čartkov aufgrund seiner Willenskraft in der Lage, in einem Kloster seine Seele vom Teufel zu befreien und die geistige Höhe zu erreichen. Ist man bereit, das weltliche Leben mit seinen Vorteilen aufzugeben und sich ganz der Kunst zu widmen, wird man für seine harte Arbeit belohnt, wie man am Beispiel des ehemaligen Gefährten von Čartkov sieht.

Gogol' ist überzeugt, dass ein talentierter Künstler eine Verpflichtung gegenüber seinem Talent und der Kunst hat und betont dabei, dass es eine Sünde ist, sein Talent nicht zum Besten zu nutzen.

6. Literaturverzeichnis

Amberg, Lorenzo. *Kirche, Liturgie und Frömmigkeit im Schaffen von N.V. Gogol'*. In: Peter Brang, Georges Nivat, Robert Zett (Hrsg.). *Slavica Helvetica*. Band 24. Bern 1986

Arhipova, Julia. *Hudožestvennoe soznanie N.V. Gogolja i èstetika barokko*. Ekaterinburg, 2004 (Dissertation)

Davydov, Aleksej. *Duša Gogolja : opyt sociokul'turnogo analiza*. Moskva: Novyj Chronograf, 2008

Džekson, Robert. *„Portret"*   *Gogolja: Triedinstvo bezumija, naturalizma i sverch"estestvennogo*. In: Jurij Mann (Hg.). *Gogol': Materialy i issledovanija*. Moskva, 1995

Fokin, Pavel. *Gogol' bez gljanca*. Sankt-Peterburg: Amfora, 2008

Gogol', Nikolaj Vasil'evič. *Perepiska N.V. Gogolja. V dvuh tomah. Tom 2*, Moskva: Hudožestvennaja literatura, 1988

Gogol', Nikolaj Vasil'evič. *Polnoe sobranie sočinenij v odnom tome*. Moskva: Izdat. Al'fa-Kniga, 2011

Larsson, Andreas. *Gogol' und das Problem der menschlichen Identität. Die Petersburger Erzählungen und der Revisor als Beispiele für ein grundlegendes Thema in den Werken von N.V. Gogol'*. Slavistische Beiträge, Band 288, Verlag Otto Sagner München, 1992 (Dissertation)

Urban, Peter (Hrsg.). *Gogols Petersburger Jahre. Der Briefwechsel Gogols mit Aleksandr Puškin*. Friedenauer Presse, 2003

Voronskij, Aleksandr. *Gogol'*. Moskva: Molodaja Gvardija, 2009

Internetquellen:

https://www.dtv.de/autor/nikolai-gogol-14468/ (Zugriff am 24.06.2019 um 11.00 Uhr)

http://www.russland.news/nikolaj-wassiljewitsch-gogol-die-russische-seele-2/ (Zugriff am 27.06.2019 um 09.00 Uhr)

https://www.zeit.de/2009/12/Gogol (Zugriff am 15.07.2019 um 15.00 Uhr)

http://rulibrary.ru/gogol/povesti/208 (Zugriff am 20.07.2019 um 16.00 Uhr)

https://reedcafe.ru/blogs/analiz-povesti-portret-gogolya-0 (Zugriff am 30.07.2019 um 12.00 Uhr)

http://www.philology.ru/literature2/mann-89.htm (Zugriff am 06.07.2020 um 12.00 Uhr)